Ute & Tilman Michalski

Häuptling Pappnase

Kinderleicht basteln mit Papier

arsEdition

Die Deutsche Bibliothek – CIP-Einheitsaufnahme

Häuptling Pappnase : kinderleicht Basteln mit Papier / Ute &
Tilman Michalski. - München : Ars-Ed., 1997
    ISBN 3-7607-5504-6 Pp.

Nach den Regeln der neuen Rechtschreibung

Text und Fotografien: Ute Michalski
Gesamtgestaltung und Illustrationen: Tilman Michalski
Redaktion: Sibylle Lehmann
Ausstattung und Herstellung: arsEdition, München
Printed in Germany

ISBN 3-7607-5504-6

Inhalt

Papptellerkreisel

Wenn sich der Kreisel dreht, dann fließen seine Muster ineinander und mischen sich zu neuen farbigen Kreisen. Mit Hilfe einer Schnur bekommt der Kreisel seinen Schwung.

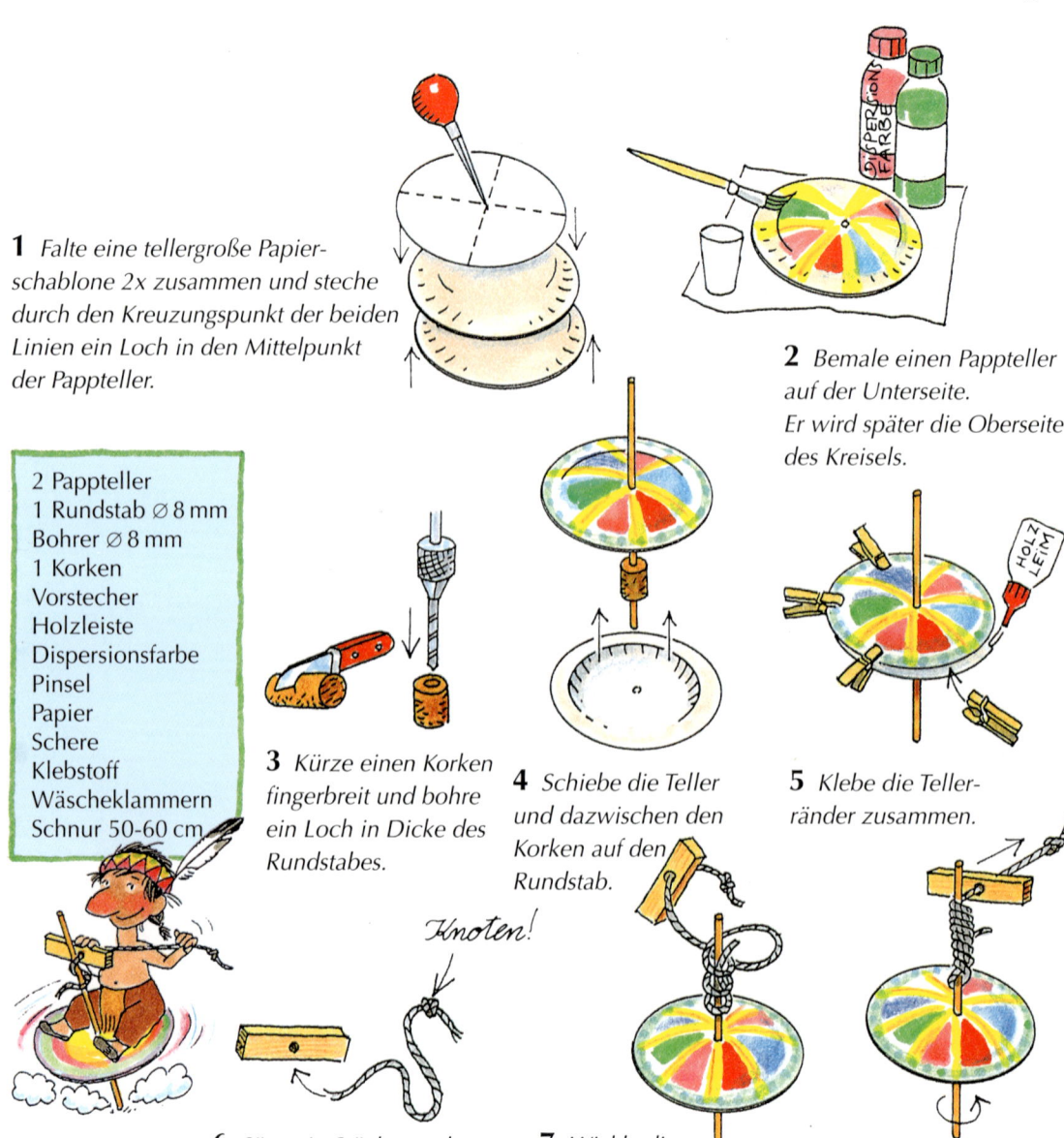

1 Falte eine tellergroße Papier-schablone 2x zusammen und steche durch den Kreuzungspunkt der beiden Linien ein Loch in den Mittelpunkt der Pappteller.

2 Bemale einen Pappteller auf der Unterseite. Er wird später die Oberseite des Kreisels.

2 Pappteller
1 Rundstab ⌀ 8 mm
Bohrer ⌀ 8 mm
1 Korken
Vorstecher
Holzleiste
Dispersionsfarbe
Pinsel
Papier
Schere
Klebstoff
Wäscheklammern
Schnur 50-60 cm

3 Kürze einen Korken fingerbreit und bohre ein Loch in Dicke des Rundstabes.

4 Schiebe die Teller und dazwischen den Korken auf den Rundstab.

5 Klebe die Teller-ränder zusammen.

Knoten!

6 Säge ein Stück von der Leiste ab, bohre ein Loch in die Mitte und fädle eine Schnur durch.

7 Wickle die Schnur straff um den Stab, bis die Leiste am Stab anschlägt.

8 Drücke die Leiste an den Stab und ziehe die Schnur schnell durch das Loch.

Der freche Bäh

Er hat einen großen Schachtelkopf und ein lustiges Clown-gesicht. Wenn du an seiner Schnur ziehst, streckt er die Zunge heraus und grinst frech »Bäh!«. Lässt du die Schnur los, verschwindet seine Zunge – schwupp – wieder in den Mund.

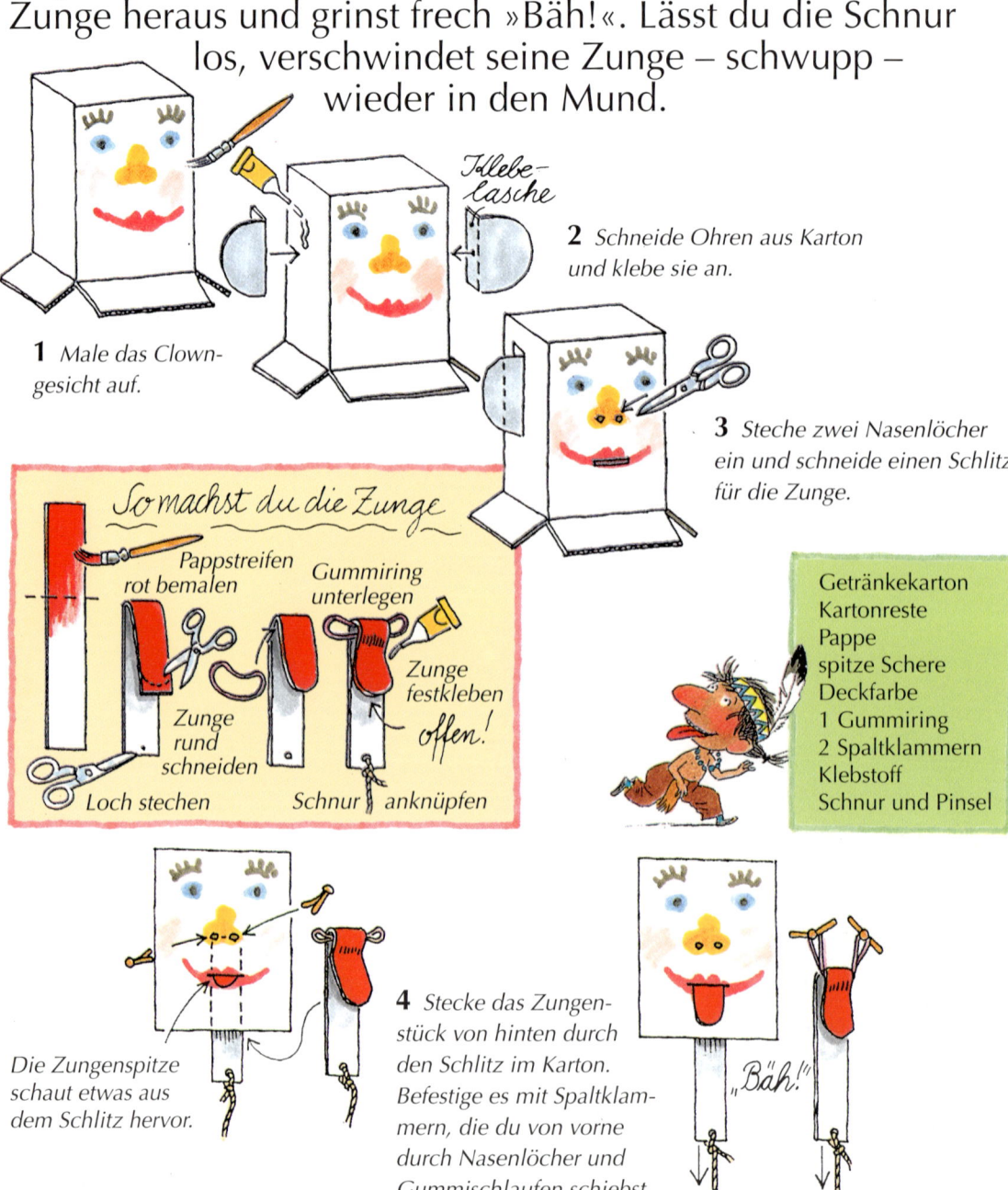

Klebelasche

1 Male das Clown-gesicht auf.

2 Schneide Ohren aus Karton und klebe sie an.

3 Steche zwei Nasenlöcher ein und schneide einen Schlitz für die Zunge.

So machst du die Zunge

Pappstreifen rot bemalen

Gummiring unterlegen

Zunge rund schneiden

Zunge festkleben offen!

Loch stechen

Schnur anknüpfen

Getränkekarton
Kartonreste
Pappe
spitze Schere
Deckfarbe
1 Gummiring
2 Spaltklammern
Klebstoff
Schnur und Pinsel

Die Zungenspitze schaut etwas aus dem Schlitz hervor.

4 Stecke das Zungen-stück von hinten durch den Schlitz im Karton. Befestige es mit Spaltklam-mern, die du von vorne durch Nasenlöcher und Gummischlaufen schiebst und dann spreizt.

„Bäh!"

Osterbesuch

Bei Familie Hase sind die Aufgaben gut verteilt. Während Vater Leonardo mit der Bemalung der Eier beschäftigt ist, besuchen die kleinen Hasen Viola und Mario die Kinder in den Häusern und Gärten der Stadt. Mit etwas Geschick kannst auch du einem Papierhasen begegnen.
So wird er gebastelt:

1 Forme auf einer Unterlage einen stehenden Hasen aus Ton oder Knete.

feste Unterlage
Ton- oder Knetmasse
Alufolie
Zeitungspapier
Kleister
Schere
Holzbrettchen
Holzleim
Dispersionsfarbe
Pinsel

2 Drücke Füße und Beine auf gleiche Länge, bedecke den Hasen mit Alufolie und streiche sie glatt an die Körperform.

3 Beklebe die Folie mit 2-3 Lagen Kleisterpapier.

4 Hebe nach dem Trocknen die feste Papierschicht mit der Folie ab und schneide die Hasenform aus.

5 Fülle die hohle Form mit geknülltem Zeitungspapier.

6 Verschließe die Rückseite mit Kleisterpapierstreifen und klebe den trockenen Hasen auf ein Holzbrettchen. Danach kannst du ihn bemalen.

Kleiner Frühstücksgast

Zu Ostern versteckt er sich, mit einem Bauch voller Süßigkeiten, bei den ersten Leberblümchen im Garten. Später hilft er dir an jedem Sonntagmorgen die Frühstückseier warm zu halten.

1 Setze einen geknüllten Ball aus Zeitungspapier auf eine leere Eierschachtel.

2 Bogen

KLEISTER

2 Bestreiche mit den Händen einen Bogen Zeitungspapier mit Kleister und klebe damit den Ball auf die Schachtel, indem du das Papier darüber legst und gut andrückst. Lege noch einen zweiten Bogen zur Verstärkung darüber.

So machst du Kleisterpapier:

Rühre etwa 4 Esslöffel Kleisterpulver in eine halb volle Schüssel mit Wasser. Lass den Kleister 20 Minuten lang quellen, bevor du ihn mit einem Schneebesen zu einem Pudding rührst. Gieße nach und nach kaltes Wasser dazu, bis der Kleister dünn ist wie eine Suppe. Lass ihn über Nacht noch ruhen. Streiche dann mit den Händen den Kleister auf Zeitungspapier. Aus kleinen kleisternassen Papierstücken kannst du jetzt Nase, Ohren und Schwanz des Hasen formen und mit Streifen aus Kleisterpapier an den Hasenkopf oder den Körper kleben.

3 Forme aus Kleisterpapier Ohren, Nase, Schwanz und klebe sie mit Streifen aus Kleisterpapier an.

1 kleine Eierschachtel
Zeitungspapier
Kleister
Dispersionsfarbe
Pinsel
spitzes Messer

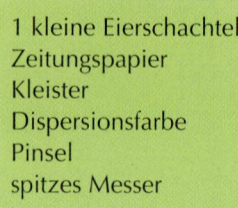

DISPERSIONS FARBE

4 Bemale den Hasen und schneide die Schachtelhälften wieder auseinander.

Frische Eier!

Saftige Äpfel gefällig, zuckersüße Birnen? Was darf's denn noch sein? – Die Auswahl auf dem Wochenmarkt ist stets gut sortiert und immer erntefrisch. Für deine eigene Marktbude brauchst du nur kleine Seidenpapierschnipsel zwischen den Fingern zu rollen oder zu zwirbeln und schon hast du ein großes Warensortiment zusammen.

Verkäuferin

1 Knülle einen Ball aus Zeitungspapier und klebe ihn mit einem in Kleister getränkten Zeitungsbogen auf einen gewendeten Plastikbecher.

2 Forme aus Kleisterpapier Arme, Nase und Hut und klebe sie mit Kleisterpapierstreifen fest. Bemale die Figur nach dem Trocknen.

Blume

Blüte
Blatt und Stengel

Rettich

1 großer Plastikbecher
(Buttermilch, Kefir)
Zeitungspapier
Kleister
Pinsel
Dispersionsfarbe
Seidenpapier
leere Zündholzschachteln
kleine Dosen (Film)
große runde Frucht (Orange)
Alufolie
farbiges Transparentpapier
Schaschlikspieß
Klebstoff

1 Hülle eine runde
Frucht in Alufolie.

Schirm

2 Bestreiche die Folie mit
Kleister und klebe farbige
Transparentpapier-
streifen darüber.

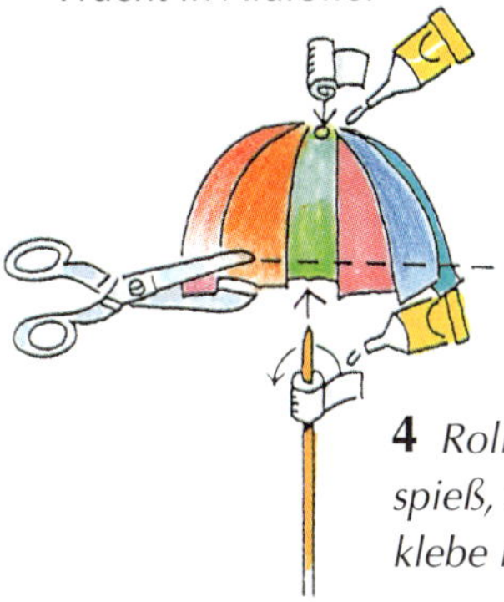

3 Entferne nach dem Trocknen
Frucht und Folie vom Trans-
parentpapier und schneide den
Schirmrand gerade.

4 Rolle einen Papierstreifen um einen Schaschlikspieß, stecke den Spieß durch den Schirm und
klebe ihn mit einer zweiten Rolle von oben fest.

Geburtstagsrunde

Jeder Geburtstagsgast bekommt ein Papier in Tortenstück-größe. Darauf malt er eine Gondel und sich selbst und klebt das Papier auf das Rad. Dann bringt man das Rad in Schwung. Derjenige, dessen Gondel an oberster Stelle stehen bleibt, darf sich eine Überraschung aus dem Kassenhäuschen holen.

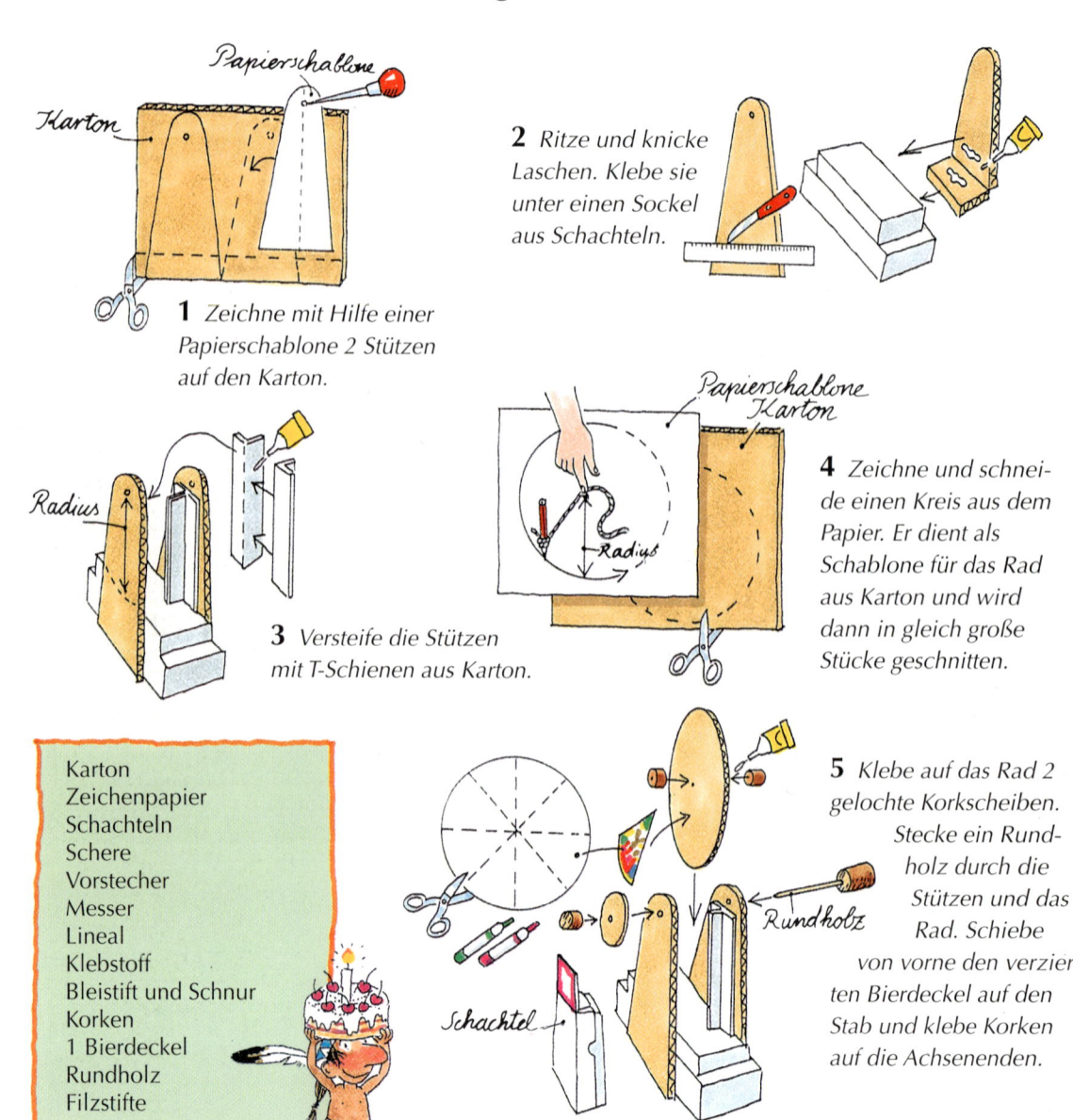

Papierschablone

Karton

1 *Zeichne mit Hilfe einer Papierschablone 2 Stützen auf den Karton.*

2 *Ritze und knicke Laschen. Klebe sie unter einen Sockel aus Schachteln.*

Radius

3 *Versteife die Stützen mit T-Schienen aus Karton.*

Papierschablone
Karton

Radius

4 *Zeichne und schnei-de einen Kreis aus dem Papier. Er dient als Schablone für das Rad aus Karton und wird dann in gleich große Stücke geschnitten.*

Karton
Zeichenpapier
Schachteln
Schere
Vorstecher
Messer
Lineal
Klebstoff
Bleistift und Schnur
Korken
1 Bierdeckel
Rundholz
Filzstifte

Schachtel

Rundholz

5 *Klebe auf das Rad 2 gelochte Korkscheiben. Stecke ein Rund-holz durch die Stützen und das Rad. Schiebe von vorne den verzier-ten Bierdeckel auf den Stab und klebe Korken auf die Achsenenden.*

Barkasse

Kapitän Maus ist stolz auf seine kleine Barkasse. Mit dem wasserfesten Milchtütenboot befördert er Ausflugsgäste über den See oder durch die Badewanne.

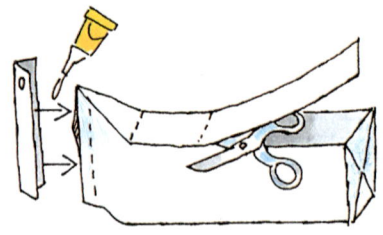

1 Schneide aus der Milchtüte die Bootsöffnung aus und überklebe die ausgeklappte Schütte mit einem Streifen aus Milchtütenpapier.

2 Kürze die kleine Milchtüte. Sie wird das Ruderhaus.

Dach!

3 Schneide Tür und Fenster aus dem Ruderhaus und klebe das Dach auf.

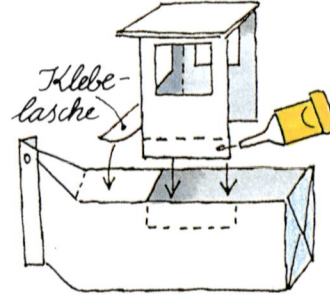

Klebelasche

4 Klebe das Ruderhaus in das Boot.

1 große Milchtüte (1 l)	1 Stück Packband
1 kleine Milchtüte (¹/₂ l)	Schnur
3 Flaschenkorken	spitze Schere
Zahnstocher	Klebstoff
Buntpapierreste	Acryllack
Plastikbecher	Pinsel
1 Schaschlikspieß	

5 Bemale das Boot mit Acryllack und klebe Wimpel und Fahne daran.

6 Klebe für das Steuerruder gekürzte Zahnstocher in eine Korkscheibe.

7 Schneide die Schiffsschraube aus einem Plastikbecher und stecke sie zwischen 2 Korkscheiben auf einen Schaschlikspieß. Klebe den Spieß mit Packband an die Schiffsunterseite.

Tinti

Der kleine Tintenfisch hüpft munter an seiner Schnur. Willst du sehen, wie er schnell durch die Tiefsee taucht? Dann schleudere ihn an seiner Schnur im Kreis herum und wirf ihn hoch ins Himmelsblau!

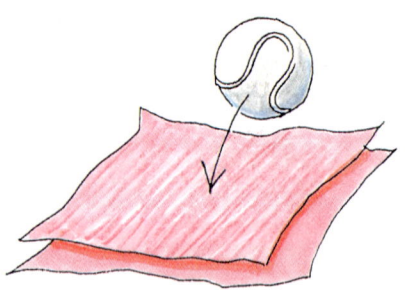

1 Lege einen Tennisball auf zwei Bogen Krepppapier.

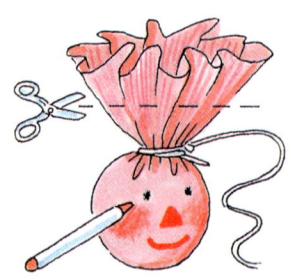

2 Binde das Papier oberhalb des Balls mit einer Gummischnur ab. Kürze das abstehende Krepppapier und zeichne ein Gesicht auf den Ball.

3 Schneide für die Arme je 2 Finger breite Streifen aus Tonpapier und klebe sie rechtwinkelig zusammen.

4 Falte eine »Hexentreppe«. Klebe zur Verlängerung weitere gefaltete Streifen an. Schneide das letzte Streifenpaar spitz zu.

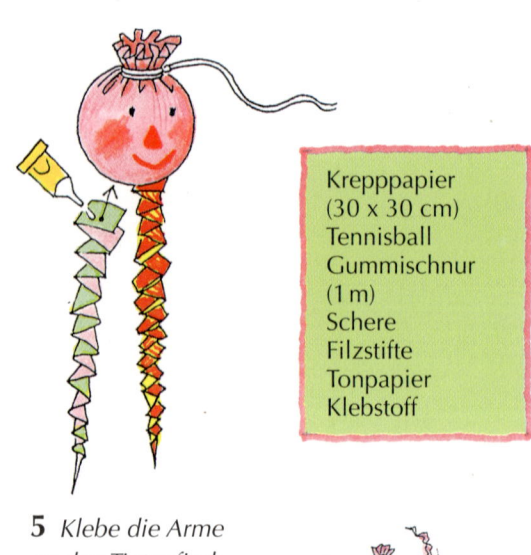

Krepppapier
(30 x 30 cm)
Tennisball
Gummischnur
(1 m)
Schere
Filzstifte
Tonpapier
Klebstoff

5 Klebe die Arme an den Tintenfisch.

Windtänzerin

Sie liebt den Tanz in der frischen Luft: Fährt der Wind in ihren weiten, geschwungenen Rock, hört sie nicht auf sich zu drehen. Wenn du die Figur auf der Rückseite mit anderen Farben bemalst, wird sie dich bei jeder Drehung mit einem neuen Tanzkleid überraschen.

1 Knicke einen Streifen Papier, zeichne die Tänzerin auf und schneide die Figur doppelt aus. Am Kopf müssen beide Figuren zusammenhängen.

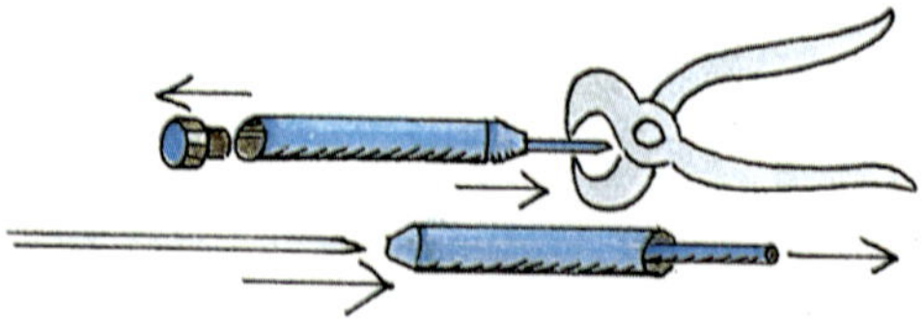

Verschlusskappe

festes Zeichenpapier
Farb- oder Filzstifte
Schere
1 alter, leerer Filzstift
Zange
Doppelklebeband
Klebstoff
1 Stricknadel
1 Korken

2 Entferne mit einer Zange Spitze und Stöpsel von einem alten Filzstift und mit Hilfe einer Stricknadel die Farbpatrone.

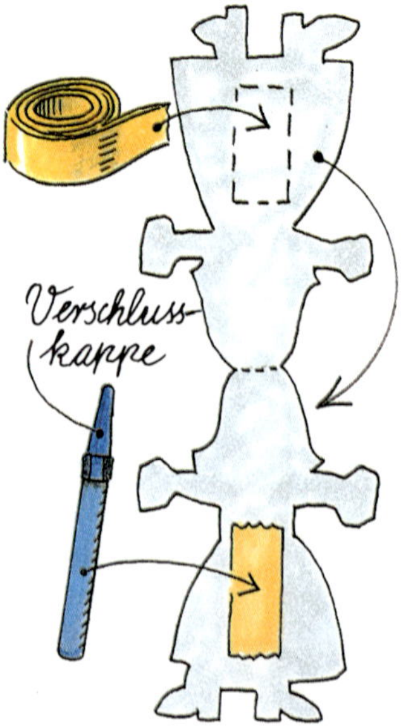

3 Klebe die leere Hülle samt Verschlusskappe auf einer Innenseite mit Doppelklebeband fest.

4 Klebe beide Hälften zusammen.

5 Biege das Papier s-förmig auf einer Seite nach vorne, auf der anderen nach hinten.

6 Setze die Figur mit der Filzstifthülle auf eine Stricknadel.

Flatterfische

Exotische Papierfische schwimmen im Wind. Sie drehen und wenden sich und geben dabei die Windrichtung an. Wenn du das leichte Windspielzeug aus dünnem, festem Japanpapier bastelst, hält es auch einer steifen Brise stand.

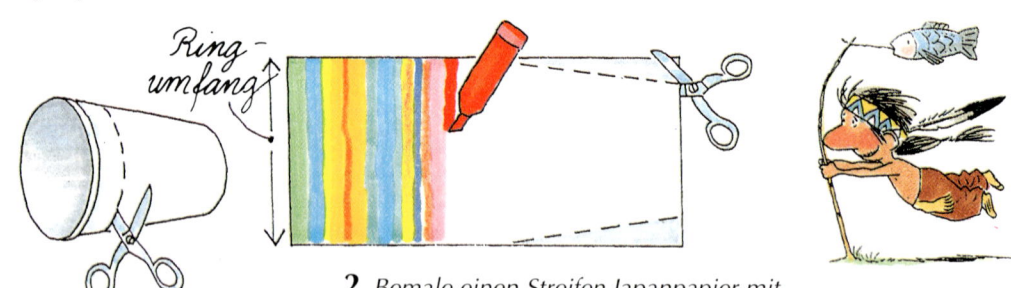

1 *Schneide vom Plastikbecher einen 2 Finger breiten Ring ab.*

2 *Bemale einen Streifen Japanpapier mit Filzstiften und schräge das Streifenende leicht ab.*

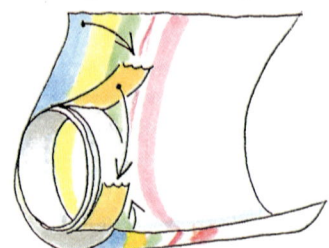

3 *Klebe Doppelklebeband um den Plastikring und befestige daran die breite Seite des Papiers.*

4 *Schließe die Längsseiten des Papiers mit Holzleim.*

5 *Schmelze mit einem heißen Nagel 2 Löcher in den Plastikring und schneide Fransen in den Fischschwanz.*

6 *Schneide einen Fischkopf aus einem geknickten Streifen Tonpapier doppelt aus. Stecke eine Stricknadel durch die Löcher im Ring. Klebe Holzperlen als Stopper an die Nadel. Stecke sie dann in einen Bambusstock.*

Plastikbecher oder Papprolle
Japanpapier (Kawasi)
Filzstifte
Schere und Zange
Doppelklebeband
Holzleim
Nagel (oder Vorstecher)
Kerze
Tonpapier
Stricknadel
2 Holzperlen
Bambusstock

Bunte Hunde

Die lustigen Vierbeiner sind im ganzen Viertel bekannt. Freudig begrüßen sie sich am Gartenzaun. Mit Rollen aus Holzperlen an den Beinen und einer Holzleiste als Leine lassen sie sich gerne »Gassi schieben«. So wirst du stolzer Hundebesitzer:

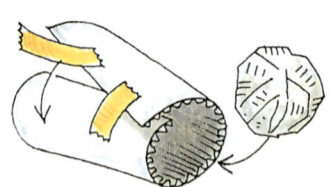

1 *Forme aus Wellpappe eine Röhre und fülle sie mit geknülltem Zeitungspapier.*

2 *Befestige 4 gleich lange Papprollen auf einem Karton.*

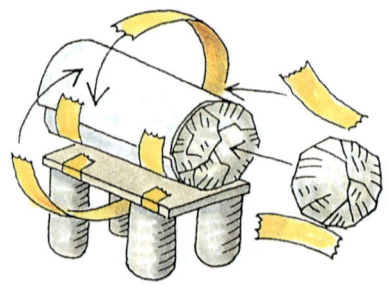

3 *Klebe Röhre und Karton zusammen und befestige an einem Röhrenende einen Ball aus Zeitungspapier.*

4 *Bestreiche 2-3 Lagen Zeitungspapier mit Kleister. Klebe die Bogen nacheinander über den Hundekörper.*

5 *Klebe mit Kleisterpapierstreifen Ohren, Schnauze und Schwanz aus geknülltem Kleisterpapier an. Bemale den getrockneten Hund.*

Wellpappe
4 Papprollen (Klopapier)
1 Stück Karton
Klebeband
Zeitungspapier
Kleister
Dispersionsfarbe
Pinsel
Vorstecher
4 große Holzperlen
4 große Nägel
Gurtband
1 Ringschraube mit Mutter
1 Schraubhaken
Holzleiste (Länge ca. 1 m)

So kann der Hund laufen:

1 Steche in das untere Ende der Beine 2 Löcher, schiebe einen Nagel mit einer Holzperle dazwischen durch und überklebe Nagelspitze und Nagelkopf mit Kleisterpapier.

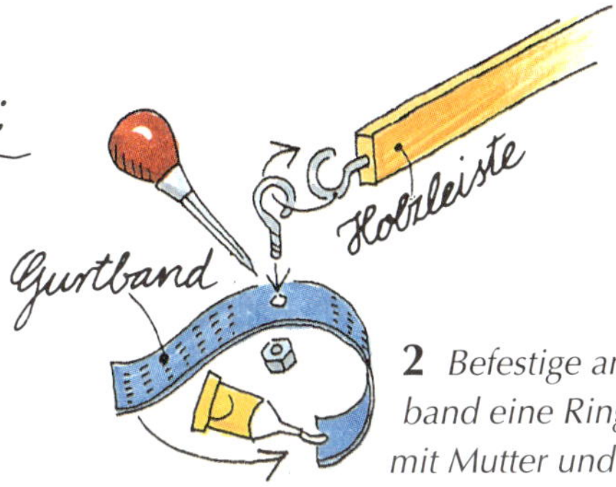

2 Befestige am Gurtband eine Ringschraube mit Mutter und klebe es um den Hundehals. Drehe in eine Leiste einen Schraubhaken, befestige ihn an der Ringschraube. Nun kannst du deinen Hund spazieren schieben.

Häuptling Pappnase

Dein Freund Pappnase schnuppert in den Wind, lauscht der Natur und erzählt dir von seinen Abenteuern. In deinem Wigwam wacht er über dich und deine Schätze.

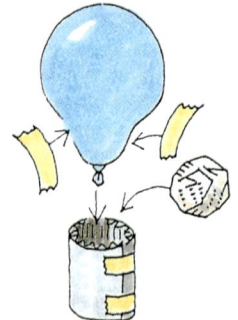

1 Klebe einen Luftballon mit Klebeband auf eine Röhre aus Wellpappe. Fülle die Röhre mit Zeitungspapier.

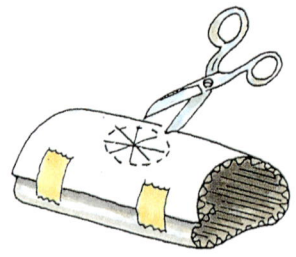

2 Schneide in eine größere Röhre aus Wellpappe sternförmig ein Loch.

Luftballon
Wellpappe
Klebeband
Zeitungspapier
Schere
Kleister
Klebstoff
Federn
Dispersionsfarbe
Pinsel

3 Stecke den Ballon mit der Röhre in das Loch und befestige alles mit Klebeband. Die große Röhre nun ebenfalls mit Zeitung füllen.

4 Beklebe alles mit Kleisterpapier.

5 Forme Gesichtsteile aus Kleisterpapier und befestige sie mit Kleisterpapierstreifen.

6 Falte einen Bogen Kleisterpapier zum Stirnband und klebe Federschmuck daran. Bemale den getrockneten Indianer.

Weihnachtsmarkt

Tagsüber schimmert mildes Licht durch die Fenster der Marktbuden und der Häuser auf dem Fensterbrett. Doch in der Dämmerung, wenn du Kerzen hinter die Häuser und in das Budenrund stellst, dann strahlt dein weihnachtlicher Marktplatz festlich.

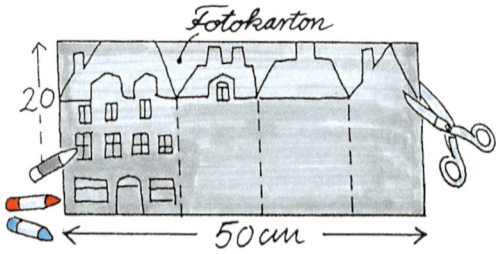

1 *Zeichne mit Ölkreide eine Häuserzeile und schneide Dächer und Fensteröffnungen aus.*

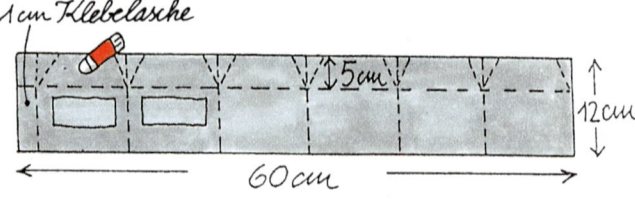

2 *Teile den Streifen für die Buden in 6 gleich große Abschnitte. Falze ihn in der Gesamtlänge entlang des Daches. Schneide Fenster aus.*

3 *Beklebe die Fenster von hinten mit buntem Pergaminpapier. Schneide die Dächer ein, falze die Schrägen nach hinten und klebe sie zusammen. So entsteht das Budenrund. Klebe auf die Dächer überstehende Markisen.*

4 *Klebe Streifen aus Pergaminpapier hinter die Häuserfenster. Knicke die Häuser wie einen Wandschirm.*

1 Bogen Fotokarton
(70 x 50 cm)
buntes Pergaminpapier
Ölkreiden
Schere
Lineal
Klebstoff
Goldfolie
Teelichter

5 *Schmücke die Auslagen der Marktbuden mit Goldfolie, setze den Markt vor die Häuser und beleuchte ihn mit Kerzen. Mit einer zweiten Häuserzeile kannst du deinen Marktplatz vergrößern.*

Goldspitzenstern

Mit den festlichen Sternen kannst du deine Weihnachts-
päckchen oder den Christbaum schmücken. Aus
zweifarbigem Folienpapier gebastelt, bekommt der Faltstern
kostbare goldene Spitzen.

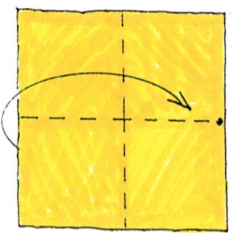

1 *Schneide ein Quadrat aus und falze ein Kreuz.*

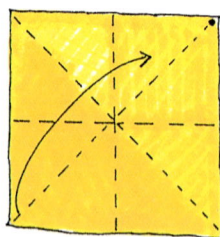

2 *Lege die Ecken aufeinander und falze die Diagonalen.*

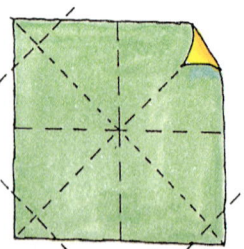

3 *Wende das Papier und knicke zwei Finger breit die goldenen Ecken auf die farbige Seite um.*

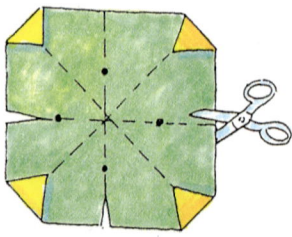

4 *Schneide vom Rand aus das Kreuz bis zur Hälfte ein.*

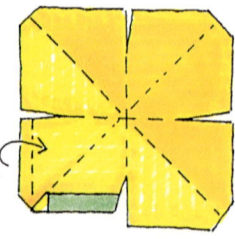

5 *Wende das Papier und falte die Ränder nach innen.*

6 *Schlage die Ränder auf die Diagonale um.*

zweifarbiges
Folienpapier
Schere
Klebstoff
Nadel und Faden

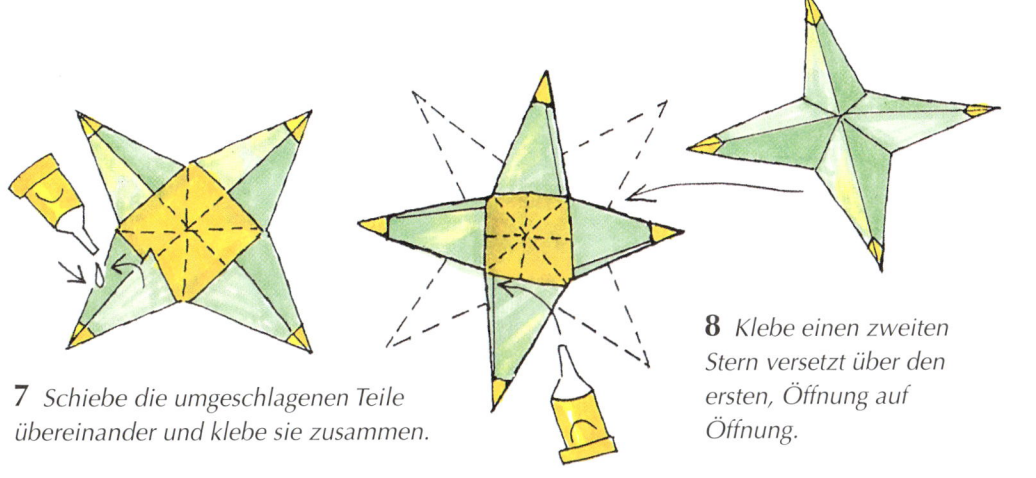

7 Schiebe die umgeschlagenen Teile übereinander und klebe sie zusammen.

8 Klebe einen zweiten Stern versetzt über den ersten, Öffnung auf Öffnung.

Ute und Tilman Michalski können auf viele Jahre gemeinsamer Publikationen im Bereich Kinderbeschäftigung zurückblicken. Das Ehepaar lernte sich während des Studiums an der Graphischen Akademie in München kennen. Während er als freier Illustrator für Verlage im Erwachsenen-, Kinder- und Jugendbuchbereich arbeitet, unterrichtet sie Kunsterziehung und Werken an einer Schule zur individuellen Sprachförderung und leitet ein Atelier an der »Schule der Phantasie«.

Mit ihren Bastelbeispielen wollen Ute und Tilman Michalski die Phantasie der Kinder anregen. Nicht schablonenhaftes Nachmachen ist dabei ihr Anliegen, sondern sie wollen den Kindern Mut machen zu eigenen Versuchen. Sie wissen um die Bedeutung des Erfolgserlebnisses bei schöpferischer Betätigung und geben deshalb fachkundige Hilfestellung in Wort und Bild beim Umgang mit den verschiedensten Materialien.

Weitere Titel von Ute & Tilman Michalski:

Lachendes Laternenlicht

ISBN 3-7607-5507-0